東京 日本語 教材시리즈

# 日本語 かな入門

### <가나입문>

도서
출판 삼영서관

# 머리말

　이 책은 일본어를 처음으로 배우기 시작하는 사람들을 대상으로 「ひらがな(히라가나)」와 「かたかな(가다가나)」를 습득시키려는 목적으로 구성한 책자입니다.

　또한 종래의 방법에서 벗어나 50음도표를 보고 무턱대고 쓰고 외우는 것이 아니고 15자씩 나누어 외우기 쉽고 쓰기 쉽도록 함은 물론 그 15자내에서 이루어지는 말로 우리생활 주위에서 흔히 쓰고 보는 단어를 그림과 같이 제시함으로서 누구나 보면 곧 쉽게 글자나 단어를 알 수 있게 하였고, 또한 쓰기연습 문제나 받아쓰기 등의 특수 암기법을 사용한 점 등이 장점인 것입니다.

　그리고 예문은 될 수 있는 한 기초적인 것으로 선정해서 일본어 공부의 입문시기에 회화 학습에도 도움이 되도록 하였고, 의미를 이해하는데도 돕기 위해 충분한 그림과 색다른 기법을 사용하였습니다.

　각 글자마다 정확히 발음하고 들을 수 있도록 모든 단어나 말에 액센트 기호를 붙였습니다.

　특히 일본어 하면 「히라가나」만 사용하고 「가다가나」는 마치 잘 사용되지 않는 것처럼 처음부터 소홀히 다루는 잘못된 인식을 가져왔는데, 이런 점을 감안하여 「히라가나」나 「가다가나」를 같은 시간의 비율로 다루게 함으로써 훗날 후회없도록 한 점도 장점입니다.

　이렇게 참신한 내용을 바탕으로 꾸민 책자이그로 학교나 각급 학원의 강습용 교재로 많이 사용하는 것은 물론 혼자서 공부할 독학생에게도 좋은 반려자가 되리라 생각합니다.

# 차 례

# 이 책의 이용 방법

이 책의 구성과 이용법은 다음과 같다.

## 제1부 ひらがな

**1** 그 과에서 연습할 かな가 로마자와 같이 나타나 있다.

한자한자 스스로 발음을 해가면서 읽는 법과 쓰는 법을 연습한다.

1과부터 5과까지는 연습용지가 붙어 있으므로 그에 따라 올바른 자형(字形)과 바른 서법(書法)을 확실히 암기해 둔다.

**2** 다음에 그 과에서 학습한 글자로 표기할 수 있는 단어가 있으며 그 모두에 그림을 붙여 두었다. 또한 그림 이외에 각쪽 하단에 단어의 뜻을 표기해 두었다.

かな는 한 글자만으로 사용되는 일은 거의 없다. 즉 단어나 문장으로 여럿의 음이 모여서 사용된다. 몇 개의 음(音)의 모임을 문자화하는 연습을 여기에서 한다.

**3** 연습

암기한 かな를 사용해서 다른 단어를 써붐으로써 학습한 かな의 완전한 정리를 꾀하는 것이다. 박스 안에 써 넣도록 되어 있는 것은 일본어의 발음이 한자 한 음의 원칙으로 되어 있다는 것을 확실히 인식시키기 위함이다.

여기서도 왼쪽에 예시한 かな를 보고 께끼려 하지 말고 뜻을 이해하고 스스로 발음을 반복하면서 음과 문자와 발음을 결부시키면서 공부 하기를 바란다.

**4**　받아쓰기

　　왼쪽에 로마자로 된 단어가 있다. 그것을 박스 안에 쓰기연습을 한다. 소리를 내어 읽으면서 쓰기 연습을 해보자.

　　여기에서 예시한 단어는 그때까지 공부했던 단어이기 때문에 정답은 스스로 찾아볼 수 있다.

　　1과부터 6과까지는 문자의 수와 박스의 수는 같지만 7과부터는 박스의 수를 문자의 수보다 많게 해놓았다. 학습자 스스로 글자의 수를 생각해서 써보도록 하기 위해서이다.

　　학습자에 따라서는 장음(長音), 특히 ウ열·オ열의 장음의 청취가 어려운 일이 있기 때문에 간혹「う」를 빼놓기도 하고 덧붙이기도 하는 일이 있다. 이러한 점에 주의를 환기시키기 위하여 박스의 수를 문자의 수보다 많게 해둔 것이다.


**5**　테스트

　　청음(清音), 탁음(濁音)이 나오는 5과 이후와 촉음(促音), 유음(拗音)이 나오는 10과 뒤에 테스트 50문항을 붙여 두었다.

　　로마자로 표기를 해놓았으므로 재복습을 하는 의미로 써보도록 하자.


**6**　글자가 비슷한 ひらがな

　　3과에 비슷한 모양을 하고 있는 かな의 표를 붙여 두었다. 왼쪽에 비슷한 형태의 글자가 있고 오른쪽에 그 글자를 이용한 말을 써두었다. 비슷한 모양의 단어의 쌍이다. 이 글자와 단어를 카드에 베껴두고 교대로 봐가면서 비슷한 글자의 식별 연습을 해보자.


## 제2부　かたかな

**1**　かたかな에 관하여

　　かたかな는 다음의 경우에 사용된다.

(1) 외래어

(2) 외국의 인명ㆍ지명, 기타의 고유명사

(3) 동물ㆍ식물의 이름

(4) 의성어(의태어도 경우에 따라서는 かたかな로 표기할 때가 있다.)

(5) 특별히 다른 것과 구별할 필요가 있는 경우

상용한자 외의 한자사용을 피하는 경우 ひらがな로 쓰게 되면 주위의 ひら
がな에 매몰되어 눈에 띄지 않는다. 이런 때에는 ひらがな로 쓰지 않고 か
たかな로 쓰게 되면 한자를 사용한 대보다도 주의를 끄는 효과를 거둘 수가
있다.

(6) 전보문


　かたかな라 하면 일반적으로 외래어를 표기하는 문자라는 인상이 강하지만 위
의 설명에서 보듯이 본래의 일본어를 표기하는 일도 흔하다.


　외래어라 하는 것도 이미 일본어로 되어있는 것이므로 발음도 일본어의 음운체
계(音韻体系)속에 들어간다는 점을 기억해 두어야 한다.


「かたかな」는 부록의 「かたかな의 자원(字源)」에서 보여지는 것처럼 한자의
일부를 취해서 만들어진 것이다. 따라서 그의 대부분은 그대로 한자의 「편(偏)」
이나 「방(旁)」으로 통용되는 것도 있다. 그러므로 かたかな의 쓰기연습을 하는
것과 함께 한자의 기초를 공부한다는 마음으로 한자의 형태를 확실히 공부해 두
도록 하자.


**❷ かたかな의 학습**

이 책에서는 다음과 같이 공부해 가는 것이 좋다.

(1) 청음(清音)

かたかな의 청음은 ひらがな의 청음 46자와 같지만, 이 책에서는 「ヲ」(ワ행의
ㅇ)는 제외했다.

이 45자를 한 과에서 공부하도록 했지만 이것을 3가지로 나누어서 조금씩 암기해 가는 것이 좋다.

연습용지가 붙어 있으므로 글자 모양과 쓰기순서에 주의하면서 쓰기 연습을 하도록 하자.

다음에 ひらがな 에서 사용한 단어를 かたかな 로도 사용해 봄으로써 문자의 완전한 학습을 기해보자.


(2) 탁음 · 유음(濁音 · 拗音)

청음을 공부하던 것과 ひらがな 의 학습에서 사용한 단어 · 연습을 사용해서 완전히 암기하도록 연습을 하자.


(3) 외래어 표기법

일본어를 공부하는데 어려운 점의 하나는 외래어의 표기에 있다. 외국어의 음에 이끌려 틀리기도 하며 일본어에는 없는 음을 어떻게 표기해야 되는가를 고민하기도 한다.

이 책에서는 외래어의 표기에 특히 틀리기 쉬운 장음 · 촉음(長音 · 促音)의 쓰기법을 중심으로 연습을 구성했다.

선정한 단어의 대부분은 외래어의 대부분이 영어에서 온 것이기 때문에 영어단어가 대부분을 차지하고 있다.

이 책에서 사용한 단어는 모두 현대 일본어로 사용할 수 있는 외래어이다. 그리고 「ウォッチ」와 같이 그 자체로는 「시계(時計)」라는 말이 사용되고 「ウォッチ」로는 사용되지 않지만 「ストップ · ウォッチ」와 같은 복합어로는 사용되는 말도 포함되어 있다.

# 액센트 기호에 대하여

액센트 기호는 「明解日本語액센트辞典」 및 「日本語発音액센트辞典」에 따랐다.

일본어의 액센트는 강약 액센트는 없고 고저 액센트가 있다.

액센트는 단어 위에 「─」「┐」의 기호를 붙여 「アイ」「ウオ」와 같이 나타냈다. 「─」는 그 부분의 음을 높게 발음하고 「┐」은 그 부분이 높게 다음 음부터는 낮게 되는 것을 나타낸다.

공통어로서의 액센트는 다음의 4가지가 있다.

a) (예)　　うし (牛)　　　　→　　うし (が)

　　　　　すいか (西瓜)　　→　　すいか (が)

　　　　　ちかてつ (地下鉄)→　　ちかてつ (が)

　말의 첫 음만 낮게, 두번째 음부터의 음은 모두 높게 발음하는 것. 그 말이 조사 「が」등을 붙여서 발음할 경우에도 그대로 높게 발음한다.

b) (예)　　なつ (夏)　　　　→　　なつ (が)

　　　　　あたま (頭)　　　→　　あたま (が)

　말의 첫 음을 낮게 제2음부터 마지막 음까지는 높게 발음하고 그 음에 조사 「が」 등이 붙을 경우는 조사 부분을 낮게 발음한다.

c) (예)　　こころ (心)

　　　　　くだもの (果物)

　　　　　おととい (一昨日)

　말의 첫 음을 낮게, 중간 음을 높게, 그 뒤의 음을 낮게 발음한다.

d) (예)　　ごご (牛後)

　　　　　きんこ (金庫)

　　　　　ろっぷん (六分)

　말의 첫 음만을 높게, 그 뒤의 음은 모두 낮게 발음한다.

# ひらがな의 자원(字源)

| | | | | |
|---|---|---|---|---|
| あ 安 | い 以 | う 宇 | え 衣 | お 於 |
| か 加 | き 幾 | く 久 | け 計 | こ 己 |
| さ 左 | し 之 | す 寸 | せ 世 | そ 曽 |
| た 太 | ち 知 | つ 川 | て 天 | と 止 |
| な 奈 | に 仁 | ぬ 奴 | ね 祢 | の 乃 |
| は 波 | ひ 比 | ふ 不 | へ 部 | ほ 保 |
| ま 末 | み 美 | む 武 | め 女 | も 毛 |
| や 也 | | ゆ 由 | | よ 与 |
| ら 良 | り 利 | る 留 | れ 礼 | ろ 呂 |
| わ 和 | を 袁 | ん 无 | | |

# 제 1 부

## ひ ら が な



### 테스트 Ⅰ



### 테스트 Ⅱ

# 1 과

| | | | | |
|---|---|---|---|---|
| あ a | い i | う u | え e | お o |
| か ka | き ki | く ku | け ke | こ ko |
| さ sa | し shi | す su | せ se | そ so |

あし
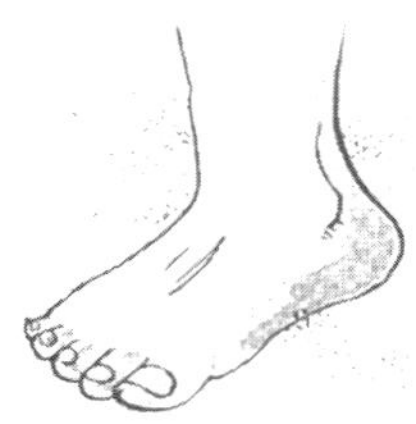

えき

かい
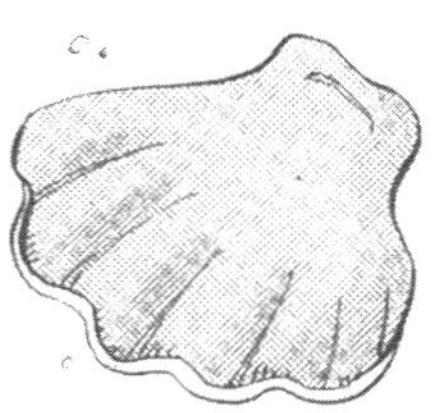

しお

うし

かさ

---

あし 발        かい 조개        うし 소        えき 역
しお 소금       かさ 우산

くし 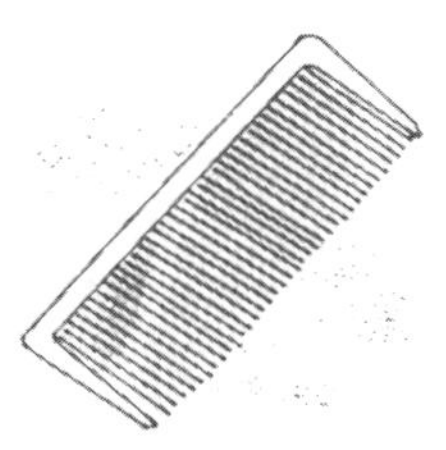

そこ 

いけ 

すいか 

ここ 

あせ 

---

くし 빗　　　　いけ 연못　　　　ここ 여기　　　　そこ 거기
すいか 수박　　　あせ 땀

| あ | | あ | あ | あ | | | | |
| い | | い | い | い | | | | |
| う | | う | う | う | | | | |
| え | | え | え | え | | | | |
| お | | お | お | お | | | | |
| か | | か | か | か | | | | |
| き | | き | き | き | | | | |
| く | | く | く | く | | | | |
| け | | け | け | け | | | | |
| こ | | こ | こ | こ | | | | |
| さ | | さ | さ | さ | | | | |
| し | | し | し | し | | | | |
| す | | す | す | す | | | | |
| せ | | せ | せ | せ | | | | |
| そ | | そ | そ | そ | | | | |

※「き」「さ」「そ」로 쓰는 경우도 있다.

# （연 습）

| | | |
|---|---|---|
| あかい | 빨갛다 | |
| あう | 만나다 | |
| え | 그림 | |
| あおい | 파랗다 | |
| さか | 비탈길 · 고개 | |
| あき | 가을 | |
| しかく | 사각 | |
| さけ | 술 | |
| いす | 의자 | |
| せかい | 세계 | |
| きそく | 규칙 | |
| うそ | 거짓말 | |

# （받아쓰기）

1. ashi

2. kasa

3. suika

4. uso

5. eki

6. soko

7. sekai

8. kushi

9. shio

10. koko

11. kisoku

12. kai

13. ase

14. isu

15. shikaku

# 2 과

| | | | | |
|---|---|---|---|---|
| た ta | ち chi | つ tsu | て te | と to |
| な na | に ni | ぬ nu | ね ne | の no |
| は ha | ひ hi | ふ fu | へ he | ほ ho |

たいこ 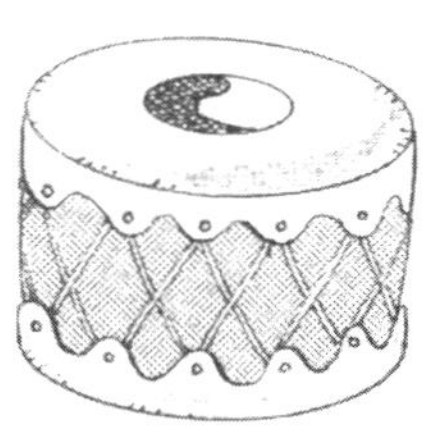

て 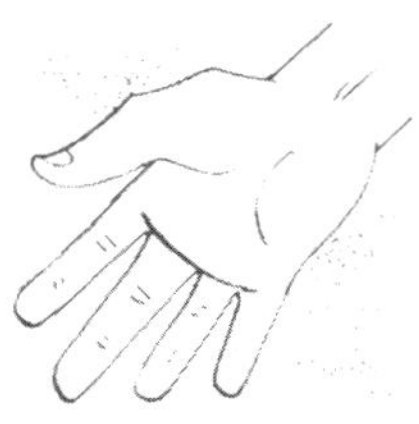

うち 

いと 

くつ 

さかな 

---

たいこ 북　　　うち 집　　　くつ 구두　　　て 손

いと 실　　　さかな 물고기

※「か・き・く・け・こ・さ・し・す・せ・そ・た・ち・つ・て・と・は・ひ・ふ・へ・ほ」앞의 「き」「く」「し」「す」「ち」「つ」「ひ」「ふ」는 모음이 무음화(無音化)한다. 예 : くつ Kɯtsu

かに

ひ

いぬ

ふえ

ねこ

へい

つの

ほし

はし

---

| かに 게 | いぬ 개 | ねこ 고양이 | つの 뿔 | はし 다리 |
| ひ 불 | ふえ 피리 | へい 벽 | ほし 별 | |

※「へい」의 발음은 사람에 따라서 [hee]로 발음하는 경우가 있다.

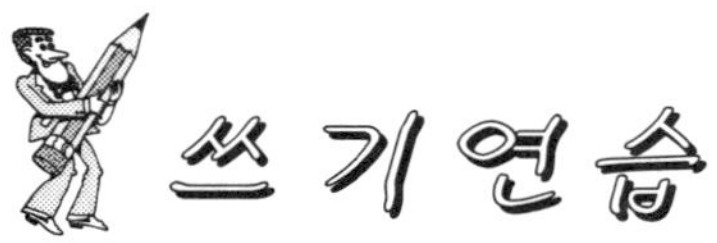


| た | た | た | た | た |  |  |  |  |  |
| ち | ち | ち | ち | ち |  |  |  |  |  |
| つ | つ | つ | つ | つ |  |  |  |  |  |
| て | て | て | て | て |  |  |  |  |  |
| と | と | と | と | と |  |  |  |  |  |
| な | な | な | な | な |  |  |  |  |  |
| に | に | に | に | に |  |  |  |  |  |
| ぬ | ぬ | ぬ | ぬ | ぬ |  |  |  |  |  |
| ね | ね | ね | ね | ね |  |  |  |  |  |
| の | の | の | の | の |  |  |  |  |  |
| は | は | は | は | は |  |  |  |  |  |
| ひ | ひ | ひ | ひ | ひ |  |  |  |  |  |
| ふ | ふ | ふ | ふ | ふ |  |  |  |  |  |
| へ | へ | へ | へ | へ |  |  |  |  |  |
| ほ | ほ | ほ | ほ | ほ |  |  |  |  |  |

 （연 습）

あした　　　내일

くち　　　　입

きせつ　　　계절

ちかてつ　　지하철

おととい　　그저께

なつ　　　　여름

くに　　　　나라

おかね　　　돈

はた　　　　기

ふね　　　　배

はな　　　　꽃

ほね　　　　뼈

（받아쓰기）

1. taiko

2. kuchi

3. sakana

4. chikatetsu

5. ototoi

6. kani

7. inu

8. tsuno

9. natsu

10. fune

11. hei

12. hoshi

13. hata

14. kutsu

15. okane

# 3 과

| | | | | |
|---|---|---|---|---|
| ま ma | み mi | む mu | め me | も mo |
| や ya | | ゆ yu | | よ yo |
| ら ra | り ri | る ru | れ re | ろ ro |
| わ wa | | | を o | ん n |

うま

め
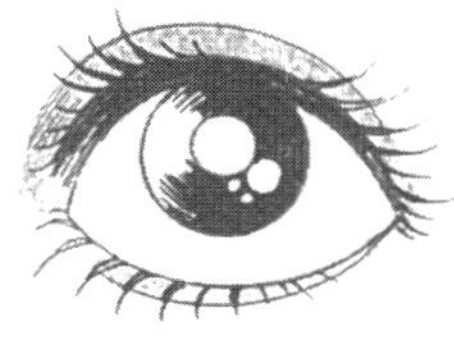

みみ
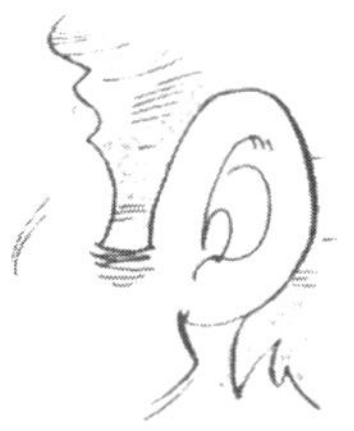

くも

むし

やま

---

うま 말　　　　みみ 귀　　　　むし 벌레　　　　め 눈
くも 구름　　　やま 산

ゆき 

きれ 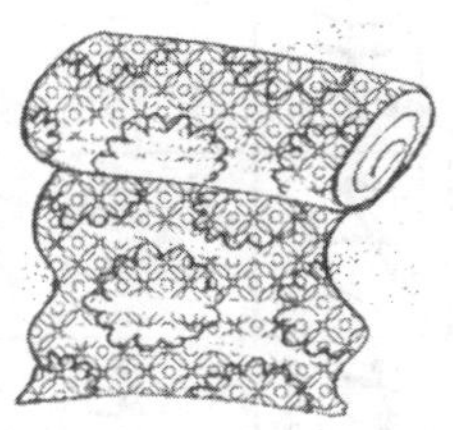

よる 

しろ 

さくら 

かわ 

はかり 

せんす 

さる 

きんこ 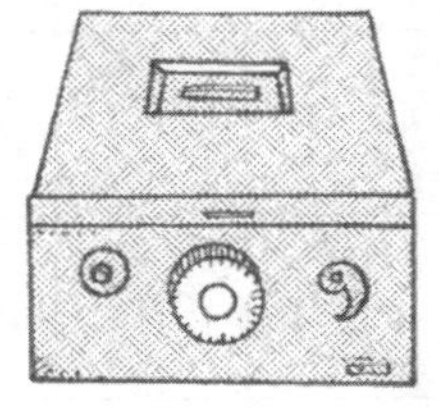

---

ゆき 눈          よる 밤          さくら 벚꽃          はかり 저울
さる 원숭이          きれ 옷감          しろ 성          かわ 강
せんす 접는 부채          きんこ 금고

※「を」는 조사로만 사용한다.

| ま | ま | ま | ま | ま | | | | | | |
|---|---|---|---|---|---|---|---|---|---|---|
| み | み | み | み | み | | | | | | |
| む | む | む | む | む | | | | | | |
| め | め | め | め | め | | | | | | |
| も | も | も | も | も | | | | | | |
| や | や | や | や | や | | | | | | |
| ゆ | ゆ | ゆ | ゆ | ゆ | | | | | | |
| よ | よ | よ | よ | よ | | | | | | |
| ら | ら | ら | ら | ら | | | | | | |
| り | り | り | り | り | | | | | | |
| る | る | る | る | る | | | | | | |
| れ | れ | れ | れ | れ | | | | | | |
| ろ | ろ | ろ | ろ | ろ | | | | | | |
| わ | わ | わ | わ | わ | | | | | | |
| を | を | を | を | を | | | | | | |
| ん | ん | ん | ん | ん | | | | | | |

※「や」「ゆ」로 쓰는 경우도 있다.

# (연 습)

| | | |
|---|---|---|
| あたま | 머리 | |
| うみ | 바다 | |
| あめ | 비 | |
| かいもの | 쇼핑 | |
| ゆめ | 꿈 | |
| まくら | 베개 | |
| おつり | 거스름돈 | |
| こころ | 마음 | |
| わたし | 나 | |
| にわ | 정원 | |
| らいねん | 내년 | |
| ほんや | 책방 | |

# (받아쓰기)

1. umi

2. atama

3. mushi

4. me

5. kumo

6. yama

7. yume

8. yoru

9. hon-ya

10. watashi

11. sakura

12. otsuri

13. kokoro

14. sensu

15. kire

글자의 모양이 비슷한 ひらがな

| | | | |
|---|---|---|---|
| く ku ── へ he | く | くい | （杭） | 말뚝 |
| | へ | へい | （塀） | 담 |

| | | | |
|---|---|---|---|
| す su ── ち chi | す | うす | （臼） | 절구 |
| | ち | うち | （家） | 집 |

| | | | |
|---|---|---|---|
| り ri ── い i ── こ ko ── に ni | り | くり | （栗） | 밤 |
| | い | くい | （杭） | 말뚝 |
| | こ | こい | （鯉） | 잉어 |
| | に | にい | （二位） | 2위 |

| | | | |
|---|---|---|---|
| き ki ── さ sa ── た ta ── な na | き | えき | （駅） | 역 |
| | さ | えさ | （餌） | 먹이 |
| | た | かた | （肩） | 어깨 |
| | な | かな | （仮名） | 가나 |

| | | | |
|---|---|---|---|
| は ha ── ほ ho ── ま ma ── も mo | は | はし | （橋） | 다리 |
| │ | ほ | ほし | （星） | 별 |
| よ yo | ま | まり | （毬） | 공 |
| | も | もり | （森） | 숲 |

| | | | |
|---|---|---|---|
| る ru ── ろ ro | る | くる | （来る） | 오다 |
| | ろ | くろ | （黒） | 검은 빛깔 |

| | | | |
|---|---|---|---|
| あ a ── め me ── ぬ nu | あ | あし | （足） | 발 |
| | め | めし | （飯） | 밥 |

| | | | |
|---|---|---|---|
| ぬ nu ── ね ne ── わ wa ── れ re | ね | かね | （金） | 금속 돈 |
| | わ | かわ | （川） | 강 |
| | れ | かれ | （彼） | 그 |

# **4** 과

<table>
<tr><td>が <sub>ga</sub></td><td>ぎ <sub>gi</sub></td><td>ぐ <sub>gu</sub></td><td>げ <sub>ge</sub></td><td>ご <sub>go</sub></td></tr>
<tr><td>(が <sub>ŋa</sub></td><td>ぎ <sub>ŋi</sub></td><td>ぐ <sub>ŋu</sub></td><td>げ <sub>ŋe</sub></td><td>ご <sub>ŋo</sub>)</td></tr>
<tr><td>ざ <sub>za</sub></td><td>じ <sub>ji</sub></td><td>ず <sub>zu</sub></td><td>ぜ <sub>ze</sub></td><td>ぞ <sub>zo</sub></td></tr>
</table>

がか

かぎ

めがね

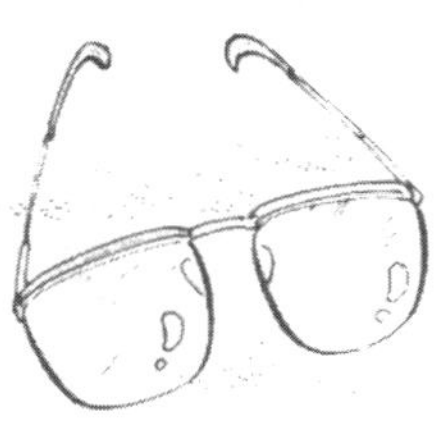

ぐんじん

ぎんか

かぐ

---

がか 화가　　　めがね 안경　　　ぎんか 은화　　　かぎ 열쇠
ぐんじん 군인　　　かぐ 가구

げた 

ふじさん 

わなげ 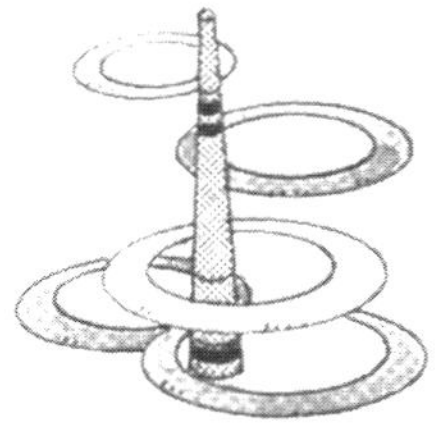

ちず 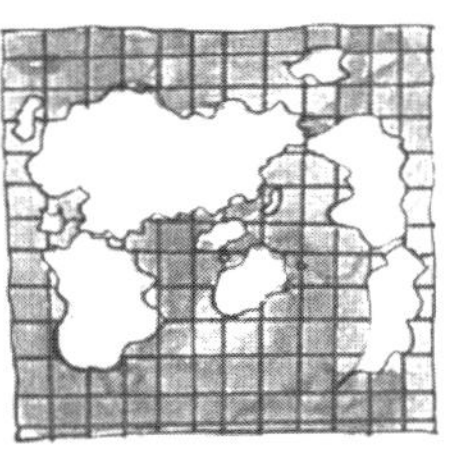

ごはん 

かぜ 

りんご 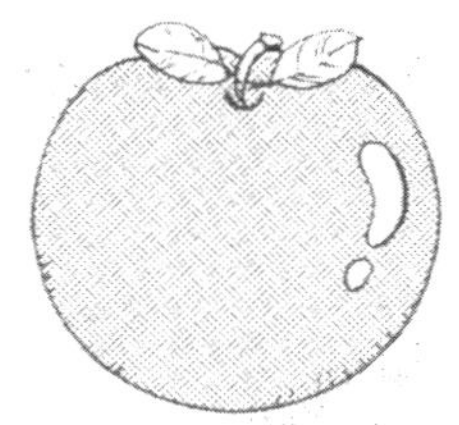

すいぞく
かん 

はいざら 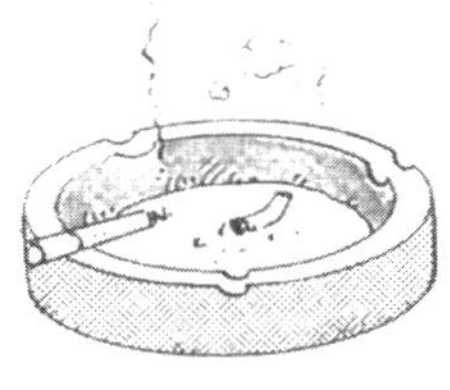

---

げた 나막신　　わなげ 고리던지기 (놀이)　　ごはん 밥

りんご 사과　　はいざら 재털이　　ふじさん 후지산　　ちず 지도

かぜ 바람　　すいぞくかん 수족관

※ が・ぎ・ぐ・げ・ご는 첫 음절에 올 경우 외에는 [ŋa]・[ŋi]・[ŋu]・[ŋe]・[ŋo]로 발음된다.

| が | が | が | が | | | | | | |
| ぎ | ぎ | ぎ | ぎ | | | | | | |
| ぐ | ぐ | ぐ | ぐ | | | | | | |
| げ | げ | げ | げ | | | | | | |
| ご | ご | ご | ご | | | | | | |
| ざ | ざ | ざ | ざ | | | | | | |
| じ | じ | じ | じ | | | | | | |
| ず | ず | ず | ず | | | | | | |
| ぜ | ぜ | ぜ | ぜ | | | | | | |
| ぞ | ぞ | ぞ | ぞ | | | | | | |

## （연습）

|  |  |
|---|---|
| がいこくじん | 외국인 |
| かがく | 화학 |
| ぎんこう | 은행 |
| みぎ | 오른쪽 |
| めぐすり | 안약 |
| げんいん | 원인 |
| ひげ | 수염 |
| ごご | 오후 |
| かざん | 화산 |
| みず | 물 |
| ごぜん | 오전 |
| かぞく | 가족 |

## （받아쓰기）

1. gaka
2. gozen
3. gogo
4. migi
5. kazoku
6. haizara
7. Fujisan
8. megane
9. kaze
10. gunjin
11. kagu
12. gen-in
13. suizokukan
14. wanage
15. ringo

# 5 과

だ da　　ぢ ji　　づ zu　　で de　　ど do
ば ba　　び bi　　ぶ bu　　べ be　　ぼ bo
ぱ pa　　ぴ pi　　ぷ pu　　ぺ pe　　ぽ po

くだもの 

かばん 

でんわ 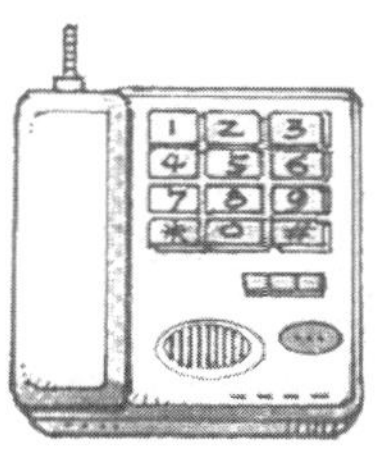

えび 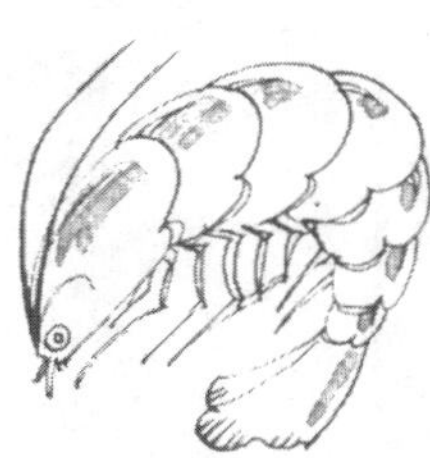

まど 

しんぶん 

---

くだもの 과일　　　でんわ 전화　　　まど 창문　　　かばん 가방
えび 새우　　　しんぶん 신문

かべ 

えんぴつ 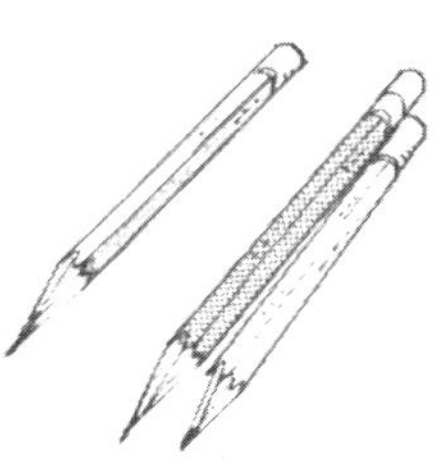

おぼん 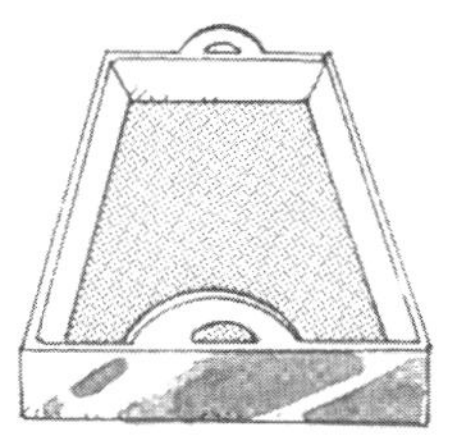

てんぷら 

でんぱ 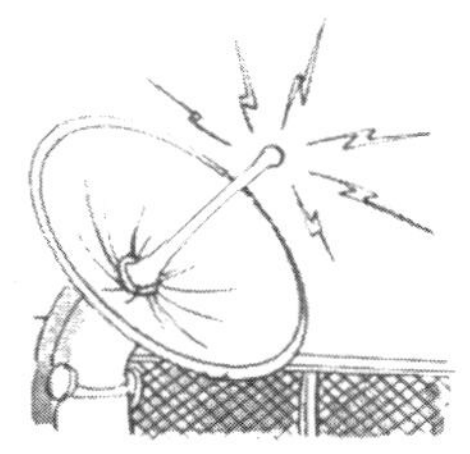

さんぽ 

---

かべ 벽                   おぼん 그릇                でんぱ 전파

えんぴつ 연필             てんぷら 튀김·뎀뿌라        さんぽ 산보

※「ん」도 한 음절로 취급한다. 그러므로「さんぽ」는 3음절이다.

※ ji·zu는 じ·ず로 쓰는 것이 원칙이지만  はなぢ（はな＋ち）·みかづき（みか＋ つき）와
　같이 ち·つ를 어두(語頭)에 가진 말의 연탁(連濁), 또는 つづく·ちぢむ와 같이 같은 음의 반
　복인 경우는 ぢ·づ로 쓴다.

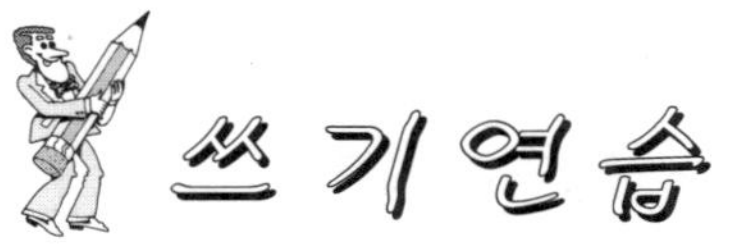 

| だ | だ | だ | だ | | | | | | |
|---|---|---|---|---|---|---|---|---|---|
| ぢ | ぢ | ぢ | ぢ | | | | | | |
| づ | づ | づ | づ | | | | | | |
| で | で | で | で | | | | | | |
| ど | ど | ど | ど | | | | | | |
| ば | ば | ば | ば | | | | | | |
| び | び | び | び | | | | | | |
| ぶ | ぶ | ぶ | ぶ | | | | | | |
| べ | べ | べ | べ | | | | | | |
| ぼ | ぼ | ぼ | ぼ | | | | | | |
| ぱ | ぱ | ぱ | ぱ | | | | | | |
| ぴ | ぴ | ぴ | ぴ | | | | | | |
| ぷ | ぷ | ぷ | ぷ | | | | | | |
| ぺ | ぺ | ぺ | ぺ | | | | | | |
| ぽ | ぽ | ぽ | ぽ | | | | | | |

## (연 습)

| | | |
|---|---|---|
| ひだり | 왼쪽 | |
| えだ | 가지 | |
| うで | 팔 | |
| でんき | 전기 | |
| おどり | 춤 | |
| こども | 아이 | |
| たばこ | 담배 | |
| ゆび | 손가락 | |
| へび | 뱀 | |
| ぶんか | 문화 | |
| なべ | 남비 | |
| ぼいん | 모음 | |

## (받아쓰기)

1. kudamono
2. denwa
3. mado
4. denki
5. empitsu
6. shimbun
7. kaban
8. tabako
9. nabe
10. hebi
11. odori
12. boin
13. kodomo
14. yubi
15. bunka

옆에 있는 로마자를 보고 ☐ 안에 ひらがな를 써 넣으시오.

| | | |
|---|---|---|
| 1. uta | | 13. yane |
| 2. natsu | | 14. heya |
| 3. kasa | | 15. yume |
| 4. uso | | 16. kisoku |
| 5. inu | | 17. sekai |
| 6. neko | | 18. tsukue |
| 7. saru | | 19. ototoi |
| 8. fune | | 20. sensu |
| 9. mame | | 21. kinko |
| 10. fue | | 22. rainen |
| 11. yoru | | 23. hon-ya |
| 12. yuki | | 24. kamisori |

25. sakana

26. hakari

27. otsuri

28. kazoku

29. kazan

30. haizara

31. suki

32. tsuki

33. tsuna

34. suna

35. chika

36. shika

37. kata

38. hata

39. kana

40. kan-na

41. kuchi

42. kushi

43. uchi

44. ushi

45. kin

46. gin

47. kagi

48. kani

49. kami

50. kaki

# 6 과

축음(促音)은 작은 「つ」로 나타낸다. 「つ」도 한 음절의 장음으로 발음해야 한다.

- □ っか— kka
- □ っき— kki
- □ っく— kku
- □ っけ— kke
- □ っこ— kko

- □ っさ— ssa
- □ っし— sshi
- □ っす— ssu
- □ っせ— sse
- □ っそ— sso

- □ った— tta
- □ っち— tchi
- □ っつ— ttsu
- □ って— tte
- □ っと— tto

- □ っぱ— ppa
- □ っぴ— ppi
- □ っぷ— ppu
- □ っぺ— ppe
- □ っぽ— ppo

らっかさん

せっけん

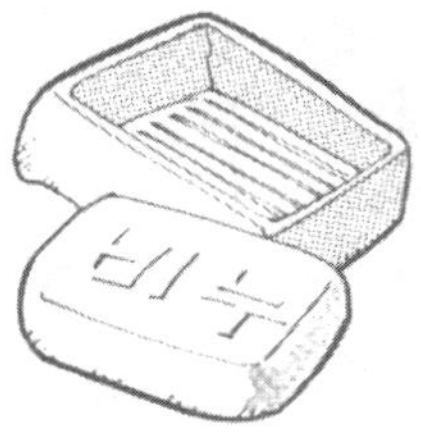

がっき

けっこん

---

らっかさん 낙하산  
せっけん 비누

がっき 악기  
けっこん 결혼

ざっし 

きっぷ 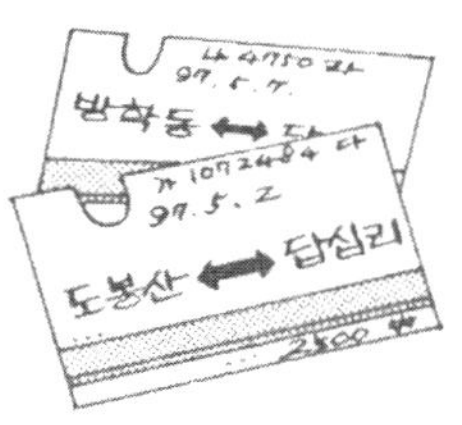

きって 

ほっぺた 

らっぱ 

---

ざっし 잡지　　　きって 우표　　　らっぱ 나팔

きっぷ 차표　　　ほっぺた 뺨

 （연 습）

いっかい　1층

さっか　작가

にっき　일기

はっけん　발견

いっさつ　한 권(책)

はっせん　8천

けっせき　결석

ほっぺた　뺨

ねったい　열대

あさって　모레

こぎって　수표

いっぷん　1분

ろっぷん　6분

しっぱい　실패

せいねんがっぴ　생년월일

## 🎺 (받아쓰기)

1. rakkasan

2. gakki

3. ikkai

4. sakka

5. nikki

6. sekken

7. hakken

8. kekkon

9. issatsu

10. zasshi

11. hassen

12. kesseki

13. nettai

14. kitte

15. asatte

16. kogitte

17. rappa

18. kippu

19. ippun

20. roppun

21. shippai

22. hoppeta

| | | | |
|---|---|---|---|
| か あ kaa(kā) | さ あ saa(sā) | た あ taa(tā) | |
| き い kii(kī) | し い shii(shī) | ち い chii(chī) | |
| く う kuu(kū) | す う suu(sū) | つ う tsuu(tsū) | |
| け い kei(kē) | せ い sei(sē) | て い tei(tē) | ね え nee(nē) |
| こ う koo(kō) | そ う soo(sō) | と う too(tō) | お お oo(ō)　と お too(tō) |

おかあさん

おにいさん

おばあさん

せんぷうき

おじいさん

ふうとう

---

おかあさん 어머니　　おばあさん 할머니　　おじいさん 할아버지

おにいさん 형　　せんぷうき 선풍기　　ふうとう 봉투

とけい 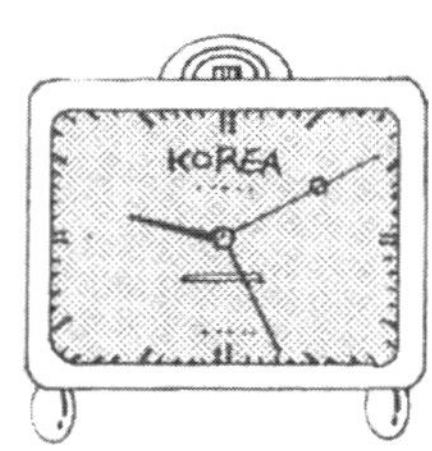

ぼうし 

れいぞうこ 

こおり 

おねえさん 

おおかみ 

ひこうき 

---

とけい 시계　　　　れいぞうこ 냉장고　　　　　　おねえさん 언니

ひこうき 비행기　　ぼうし 모자　　　こおり 얼음　　　おおかみ 이리

※ お열(列) 장음으로 「—お」를 쓰는 경우도 있다. 예를 들면 다음과 같다.
　おおい, おおやけ, おおきい, こおり, とおい, こおる, とおる, こおろぎ 등.

# (연 습)

えいご　　영어

けいざい　경제

がくせい　학생

へいわ　　평화

めいし　　명사

くうき　　공기

こうつう　교통

つうしん　통신

ばんごう　번호

ぞう　　　코끼리

ぼうえき　무역

ぶんぽう　문법

げつようび　월요일

とおか　10일

おおきい　크다

とおい　멀다

## （받아쓰기）

1. okaasan

2. obaasan

3. eigo

4. keizai

5. ojiisan

6. oniisan

7. gakusei

8. heiwa

9. tokei

10. oneesan

11. kootsuu

12. bangoo

13. hikooki

14. bumpoo

15. booeki

16. tsuushin

17. zoo

18. kotori

19. ookii

20. tooka

# 8 과

| | | |
|---|---|---|
| きゃ kya | きゅ kyu | きょ kyo |
| ぎゃ gya | ぎゅ gyu | ぎょ gyo |
| しゃ sha | しゅ shu | しょ sho |
| じゃ ja | じゅ ju | じょ jo |

きゃく

けんびきょう

ちきゅう

きんぎょ

すいぎゅう

にんぎょう

| | | |
|---|---|---|
| きゃく 손님 | ちきゅう 지구 | すいぎゅう 물소 |
| けんびきょう 현미경 | きんぎょ 금붕어 | にんぎょう 인형 |

いしゃ 

じゅうどう 

じてんしゃ 

はつでんしょ 

じんじゃ 

しょうぼう
じどうしゃ 

---

いしゃ 의사　　　　じてんしゃ 자전거　　　　じんじゃ 신사
じゅうどう 유도　　　はつでんしょ 발전소
しょうぼうじどうしゃ 소방차

（연 습）

きゅうきゅうしゃ　　구급차

げっきゅう　　월급

きょねん　　작년

べんきょう　　공부

ゆうびんきょく　　우체국

こうぎょう　　공업

のうぎょう　　농업

かいしゃ　　　회사

うんてんしゅ　　운전사

じゅうにがつ　　12월

じゅうしょ　　　주소

びじゅつかん　　미술관

じしょ　　　사전

しょうがくきん

　　　　　　장학금

こうじょう　　공장

 (받아쓰기)

1. kyaku
2. chikyuu
3. gekkyuu
4. kyonen
5. suigyuu
6. benkyoo
7. kembikyoo
8. kingyo
9. noogyoo
10. ningyoo
11. koogyoo
12. juusho
13. jisho
14. koojoo
15. juudoo
16. hatsudensho
17. jitensha
18. isha
19. juunigatsu
20. untenshu

# 9 과

| | | | | | |
|---|---|---|---|---|---|
| ちゃ cha | ちゅ chu | ちょ cho |
| にゃ nya | にゅ nyu | にょ nyo |
| ひゃ hya | ひゅ hyu | ひょ hyo |
| びゃ bya | びゅ byu | びょ byo |
| ぴゃ pya | ぴゅ pyu | ぴょ pyo |
| みゃ mya | みゅ myu | みょ myo |
| りゃ rya | りゅ ryu | りょ ryo |

こうちゃ

ちゅうしゃ

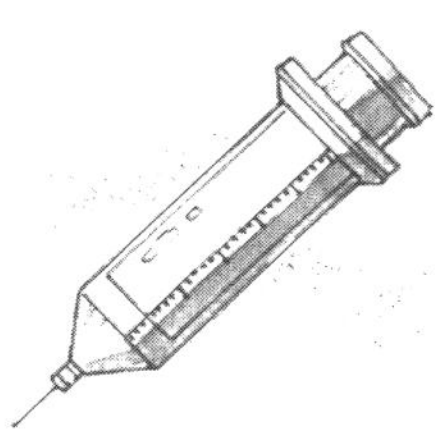

かぼちゃ

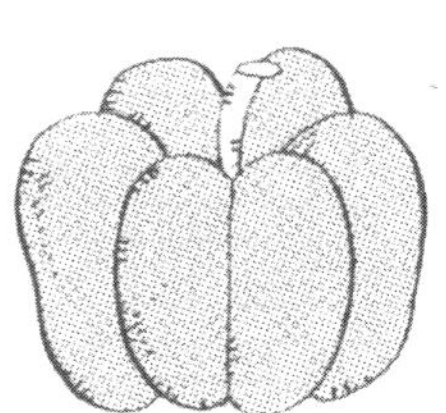

ちょっかく

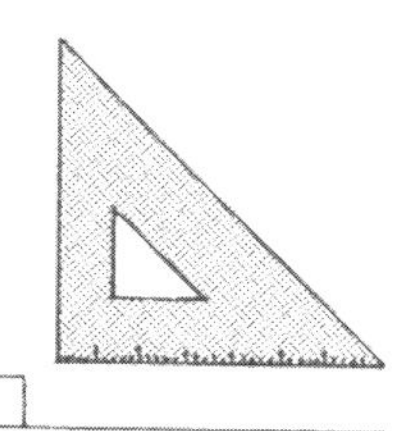

---

こうちゃ 홍차　　　かぼちゃ 호박　　　ちゅうしゃ 주사
ちょっかく 직각

ちょうちん 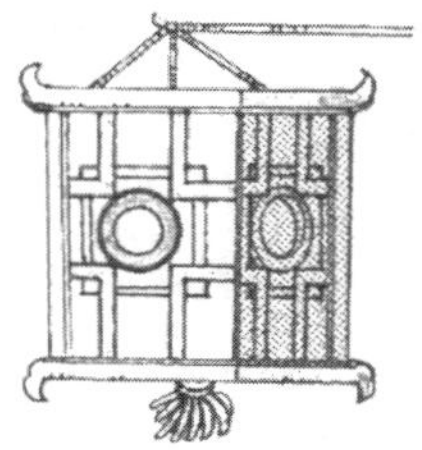

びょういん 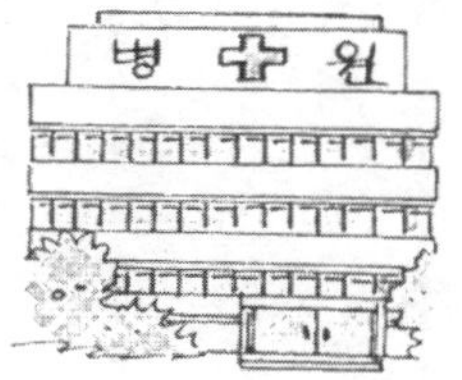

ぎゅうにゅう 

みゃく 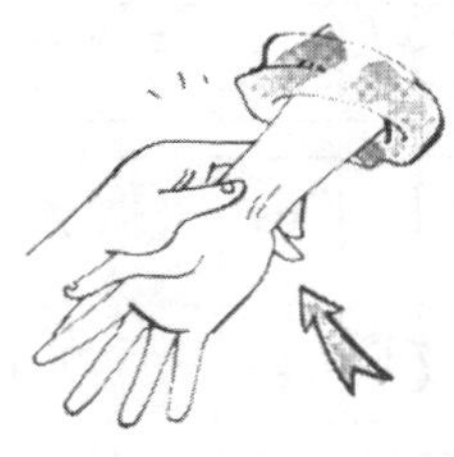

ひゃくえん 

りょこう 

ひょうざん 

りゅう 

---

| | | |
|---|---|---|
| ちょうちん 초롱 | ぎゅうにゅう 우유 | ひゃくえん 백엔 |
| ひょうざん 빙산 | びょういん 병원 | みゃく 맥 |
| りょこう 여행 | りゅう 용 | |

「ちゃ」는 1음절로 발음하지만 표기를 할 경우는「ち」「ゃ」의 2자로 나타낸다.
이「や」「ゅ」「ょ」는 아래와 같이 작은 글자로 쓴다.

글씨를 옆으로 쓸 경우는 왼쪽의 예와 같이「や」「ゅ」「ょ」를 박스의 왼쪽 아래에 작게 쓴다.

글씨를 밑으로 쓸 경우는 왼쪽의 예와 같이「や」「ゅ」「ょ」를 박스의 오른쪽 위쪽에 작게 쓴다.

（연 습）

「う ちゅう　　우주

ちゅ う がっ こう

중학교

こ う ちょう　　교장

ゆ にゅ う　　수입

に ひゃ く　　2백

「さ ん びゃ く　　3백

はっ ぴゃ く　　8백

い ち びょ う　　1초

びょ う き　　병

みょうじ　　　　성(姓)

りょうしゅうしょ

영수증

りゅうがくせい

유학생

だいとうりょう

대통령

 （받아쓰기）

1. koocha

2. uchuu

3. chuugakkoo

4. chuusha

5. chokkaku

6. choochin

7. yu-nyuu

8.  gyuu-nyuu

9.  sambyaku

10.  nihyaku

11.  roppyaku

12.  byooin

13.  myaku

14.  byooki

15.  myooji

16.  ryokoo

17.  ryuu

18.  ryooshuusho

19.  daitooryoo

20.  ryuugakusei

조사 wa는 「は」, e는 「へ」, o는 「を」를 쓴다.

こんにちは。(1)

わたしは たなかです。(2)

それは なんですか。(3)

これは わたしの かばんです。(4)

どこへ いきますか。(5)

ほんやへ いきます。(6)

ほんやで なにを かいますか。(7)

ざっしと じしょを かいます。(8)

それから, きっさてんへ いって, こうちゃを のみます。(9)

---

(1) 안녕하십니까.

(2) 나는 たなか 입니다.

(3) 그것은 무엇입니까?

(4) 이것은 나의 가방입니다.

(5) 어디에 가십니까?

(6) 책방에 갑니다.

(7) 책방에서 무엇을 삽니까?

(8) 잡지와 사전을 삽니다.

(9) 그리고 나는 다방에 가서 홍차를 마십니다.

(연 습)

kombanwa (1)

ohayoo gozaimasu (2)

sayoonara (3)

kore wa tsukue desu (4)

doko e ikimasu ka? (5)

---

(1) 안녕하십니까. (저녁인사)

(2) 안녕하십니까. (아침인사)

(3) 안녕히 가십시오.

(4) 이것은 책상입니다.

(5) 어디에 가십니까?

ginkoo e ikimasu (6)

shimbun o totte kudasai (7)

arigatoo gozaimasu (8)

ocha o nomimasu (9)

---

(6) 은행에 갑니다.

(7) 신문을 집어 주십시오.

(8) 감사합니다.

(9) 차를 마십니다.

옆에 있는 로마자를 보고 □ 안에 ひらがな를 써 넣으시오.

1. kekka

2. hatsuon

3. nettai

4. atsui

5. shippai

6. zasshi

7. kekkon

8. kitte

9. rokusatsu

10. kesseki

11. rokusen-en

12. gakki

13. kippu

14. asatte

15. rokuon

16. satoo

17. mado

18. undoo

19. bangoo

20. booeki

21. sekidoo

22. booshi

23. yoochi-en

24. tenkiyohoo

25. reizooko

26. keisatsu

27. ondo

28. kinoo

29. bumpoo

30. kootsuu

31. ningyo

32. kin-jo

33. toshokan

34. noogyoo

35. jisho

36. kashu

37. gyuuniku

38. kembikyoo

39. gekkyuu

40. kyuukoo

41. kingyo

42. kyonen

43. shokudoo

44. shooyu

45. juusho

46. benkyoo

47. kyooshitsu

48. shooboosho

49. bijutsukan

50. untenshu

# 제 2 부

## かたかな

| | | | | |
|---|---|---|---|---|
| ア a | イ i | ウ u | エ e | オ o |
| カ ka | キ ki | ク ku | ケ ke | コ ko |
| サ sa | シ shi | ス su | セ se | ソ so |
| タ ta | チ chi | ツ tsu | テ te | ト to |
| ナ na | ニ ni | ヌ nu | ネ ne | ノ no |
| ハ ha | ヒ hi | フ fu | ヘ he | ホ ho |
| マ ma | ミ mi | ム mu | メ me | モ mo |
| ヤ ya | | ユ yu | | ヨ yo |
| ラ ra | リ ri | ル ru | レ re | ロ ro |
| ワ wa | ン n | | | |

# 쓰기연습

| | | | | | | | | | |
|---|---|---|---|---|---|---|---|---|---|
| ア | ア | ア | ア | ア | | | | | |
| イ | イ | イ | イ | イ | | | | | |
| ウ | ウ | ウ | ウ | ウ | | | | | |
| エ | エ | エ | エ | エ | | | | | |
| オ | オ | オ | オ | オ | | | | | |
| カ | カ | カ | カ | カ | | | | | |
| キ | キ | キ | キ | キ | | | | | |
| ク | ク | ク | ク | ク | | | | | |
| ケ | ケ | ケ | ケ | ケ | | | | | |
| コ | コ | コ | コ | コ | | | | | |
| サ | サ | サ | サ | サ | | | | | |
| シ | シ | シ | シ | シ | | | | | |
| ス | ス | ス | ス | ス | | | | | |
| セ | セ | セ | セ | セ | | | | | |
| ソ | ソ | ソ | ソ | ソ | | | | | |

| | | | | | | | | | |
|---|---|---|---|---|---|---|---|---|---|
| タ | タ | タ | タ | タ | | | | | |
| チ | チ | チ | チ | チ | | | | | |
| ツ | ツ | ツ | ツ | ツ | | | | | |
| テ | テ | テ | テ | テ | | | | | |
| ト | ト | ト | ト | ト | | | | | |
| ナ | ナ | ナ | ナ | ナ | | | | | |
| ニ | ニ | ニ | ニ | ニ | | | | | |
| ヌ | ヌ | ヌ | ヌ | ヌ | | | | | |
| ネ | ネ | ネ | ネ | ネ | | | | | |
| ノ | ノ | ノ | ノ | ノ | | | | | |
| ハ | ハ | ハ | ハ | ハ | | | | | |
| ヒ | ヒ | ヒ | ヒ | ヒ | | | | | |
| フ | フ | フ | フ | フ | | | | | |
| ヘ | ヘ | ヘ | ヘ | ヘ | | | | | |
| ホ | ホ | ホ | ホ | ホ | | | | | |

| | | | | | | | | | |
|---|---|---|---|---|---|---|---|---|---|
| マ | マ | マ | マ | マ | | | | | |
| ミ | ミ | ミ | ミ | ミ | | | | | |
| ム | ム | ム | ム | ム | | | | | |
| メ | メ | メ | メ | メ | | | | | |
| モ | モ | モ | モ | モ | | | | | |
| ヤ | ヤ | ヤ | ヤ | ヤ | | | | | |
| ユ | ユ | ユ | ユ | ユ | | | | | |
| ヨ | ヨ | ヨ | ヨ | ヨ | | | | | |
| ラ | ラ | ラ | ラ | ラ | | | | | |
| リ | リ | リ | リ | リ | | | | | |
| ル | ル | ル | ル | ル | | | | | |
| レ | レ | レ | レ | レ | | | | | |
| ロ | ロ | ロ | ロ | ロ | | | | | |
| ワ | ワ | ワ | ワ | ワ | | | | | |
| ン | ン | ン | ン | ン | | | | | |

# 2 과

| | | | | |
|---|---|---|---|---|
| ガ ga | ギ gi | グ gu | ゲ ge | ゴ go |
| ザ za | ジ ji | ズ zu | ゼ ze | ゾ zo |
| ダ da | | | デ de | ド do |
| バ ba | ビ bi | ブ bu | ベ be | ボ bo |
| パ pa | ピ pi | プ pu | ペ pe | ポ po |

## 쓰기연습

| | | | | | | | | |
|---|---|---|---|---|---|---|---|---|
| ガ | | | | | | | | |
| ギ | | | | | | | | |
| グ | | | | | | | | |
| ゲ | | | | | | | | |
| ゴ | | | | | | | | |
| ザ | | | | | | | | |
| ジ | | | | | | | | |
| ズ | | | | | | | | |

| ゼ | | | | | | | | | |
| ゾ | | | | | | | | | |
| ダ | | | | | | | | | |
| デ | | | | | | | | | |
| ド | | | | | | | | | |
| バ | | | | | | | | | |
| ビ | | | | | | | | | |
| ブ | | | | | | | | | |
| ベ | | | | | | | | | |
| ボ | | | | | | | | | |
| パ | | | | | | | | | |
| ピ | | | | | | | | | |
| プ | | | | | | | | | |
| ペ | | | | | | | | | |
| ポ | | | | | | | | | |

# 3 라

| | | | | | | | |
|---|---|---|---|---|---|---|---|
| キャ kya | | キュ kyu | | | | キョ kyo | |
| シャ sha | | シュ shu | | シェ she | | ショ sho | |
| チャ cha | | チュ chu | | チェ che | | チョ cho | |
| ニャ nya | | ニュ nyu | | | | ニョ nyo | |
| ヒャ hya | | ヒュ hyu | | | | ヒョ hyo | |
| ミャ mya | | ミュ myu | | | | ミョ myo | |
| リャ rya | | リュ ryu | | | | リョ ryo | |
| ギャ gya | | ギュ gyu | | | | ギョ gyo | |
| ジャ ja | | ジュ ju | | ジェ je | | ジョ jo | |
| ビャ bya | | ビュ byu | | | | ビョ byo | |
| ピャ pya | | ピュ pyu | | | | ピョ pyo | |
| | | ウイ wi | | ウェ we | | ウォ wo | |
| クァ kwa | | | | | | | |
| ツァ tsa | | | | ツェ tse | | ツォ tso | |
| | | ティ ti | | | | | |
| ファ fa | | フィ fi | | フェ fe | | フォ fo | |
| | | ディ di | | デュ du | | | |
| (ヴァ va | | ヴィ vi | | ヴ vu | | ヴェ ve | ヴォ vo) |

# 4 과

## 외래어 표기법

   외국어의 음(音)을 그대로 일본 문자로 옮기는 것은 어렵다. 일본어에 없는 음운(音韻)에 대한 문자는 없다. 따라서 그대로의 외국어의 발음에 충실하도록 표기할 수 밖에 없다. 일본어의 음운을 받아들이고 일본어로서 발음을 하고 그것을 표기하는 것이다.

   예를 들어 다음과 같은 음운은 일본어에는 없는 것으로 (　　　) 속과 같이 표기하는 것이 흔하다.

th　→　(サ, シ, ス, セ, ソ로 표기)
ti　→　(チ로 표기한다. 원음에 충실하게 「ティ」로 표기할 수도 있다.)
di　→　(ジ로 표기한다. 원음에 충실하게 「ディ」로 표기할 수도 있다.)

   학습자에 따라서는 어렵게 생각할 수도 있는 표기법을 몇 개만 모아서 연습해 보자.

1. CVCV의 꼴을 하고 있는 말

| ma | ni | a |   | ca | me | re |   | co | i | n |

| マ | ニ | ア |   | カ | メ | ラ |   | コ | イ | ン |



( 연 습 )

tomato

corona

piano

ion

memo

melon

solo

トマト    コロナ    ピアノ    イオン    メモ    メロン    ソロ

2. ─ CC ─ 와 같이 자음이 중복되 있는 말은 자음 뒤에 적당한 모음을 첨가해서 발음을 하며 표기할 때도 그와 같이 한다.

2─ (1) t, d에는 모음 o도 첨가한다.

hint　→　hinto　ヒント
(단, salad는 サラダ로 쓴다)

2─ (2) c, b, f, g, k, l, m, p, s에는 모음 u를 첨가한다.

mask　→　masuku　マスク
post　→　posuto　ポフト
milk　→　miruku　ミルク

( 연 습 )

swan

test

golf

delta

soft

emerald

coil

list

cent

sect

instant

oriental

esperanto

---



또한 말 끝에 -te와 같이 t 또는 d에 e가 붙어 있어도 2— (1) -t, -d와 같이 ト · ド 로 된다.

cf.　note　ノート　　　　　shade　シェード

말 끝에 c, b, f, k, l, m, p, s에 e가 붙어 있어도 2— (2)와 같이 -u를 첨가하는 형
으로 된다.

cf.　simple　シンプル　　single　シングル　　　knife　ナイフ
　　 game　ゲーム　　　grape　グレープ

(단, — ge의 경우는 ジ로 된다.)

3. 장음의 경우는 「ー」를 붙여서 나타낸다. 「ー」도 한 음절로 발음해야 한다.

옆으로 쓰는 경우

seesaw

| シ | ー | ソ | ー |
|---|---|---|---|

queen

| ク | イ | ー | ン |
|---|---|---|---|

밑으로 쓰는 경우

seesaw

| シ |
|---|
| 丨 |
| ソ |
| 丨 |

queen

| ク |
|---|
| イ |
| 丨 |
| ン |

3— (1) —ar,　—er,　—ir,　—ur,　—or

| car | カー | turban | ターバン |
|---|---|---|---|
| bar | バー | curtain | カーテン |
| garden | ガーデン | port | ポート |
| lever | レバー | form | フォーム |
| lover | ラバー | record | レコード |
| tanker | タンカー | | |
| sir | サー | | |
| skirt | スカート | sailor | セーラー |
| girl | ガール | doctor | ドクター |
| turn | ターン | error | エラー |

말 끝의 -or은 オ열 장음이 아니고 ア열 장음이 된다.

---

| カー | バー | ガーデン | レバー | ラバー |
|---|---|---|---|---|
| タンカー | サー | スカート | ガール | ターン |
| ターバン | カーテン | ポート | フォーム | レコード |
| セーラー | ドクター | エラー | | |

harp

mark

Derby

river

bird

circle

sports

pork

hurdle

curl

doctor

motor

tailor

percent

concert

---

ハープ　　マーク　　ダービー　　リバー　　バード

サークル　スポーツ　ポーク　　ハードル　カール

ドクター　モーター　テーラー　パーセント　コンサート

3— (2) —ee—, —ea—, —ai—, —oa—, —ou—, —au—, —oo—

| | | | |
|---|---|---|---|
| speed | スピード | sauce | ソース |
| cheese | チーズ | auction | オークション |
| jeep | ジープ | audition | オーディション |
| speech | スピーチ | overhaul | オーバーホール |
| seal | シール | spoon | スプーン |
| pearl | パール | room | ルーム |
| rail | レール | pool | プール |
| chain | チェーン | | |
| tail | テール | | |
| road | ロード | | |
| boat | ボート | | |
| coat | コート | | |
| group | グループ | | |
| coupon | クーポン | | |

(-oo, -ea가 있는 말은 촉음으로 표기하는 것도 있다.)

---

| | | | |
|---|---|---|---|
| スピード | チーズ | ジープ | スピーチ |
| シール | パール | レール | チェーン |
| テール | ロード | ボード | コート |
| グループ | クーポン | ソース | オークション |
| オーディション | オーバーホール | スプーン | ルーム |
| プール | | | |

beef

screen

queen

teak

leader

heart

rehearsal

cream

sausage

training

sailor

goal

broach

soap

tournament   |       |      

course

ビーフ　　　　　スクリーン　　　クイーン　　　　チーク
リーダー　　　　ハート　　　　　リハーサル　　　クリーム
ソーセージ　　　トレーニング　　セーラー　　　　ゴール
ブローチ　　　　ソープ　　　　　トーナメント　　コース

## 3—(3) — all,　— al,　— ol

| call | コール | | chalk | チョーク |
| ball | ボール | | half | ハーフ |
| all | オール | | old | オールド |
| balk | ボーク | | gold | ゴールド |

ゴール　　　　　ボール　　　　　オール　　　　　ボーク
チョーク　　　　ハーフ　　　　　オールド　　　　ゴールド

 ( 연 습 )

| roller | | | | | | | | | | | | |
|---|---|---|---|---|---|---|---|---|---|---|---|---|
| squall | | | | | | | | | | | | |
| folk | | | | | | | | | | | | |
| talkie | | | | | | | | | | | | |
| recall | | | | | | | | | | | | |
| all | | | | | | | | | | | | |

---

ローラー　　　　スコール　　　　フォーク　　　　トーキー
リコール　　　　オール

3— (4) — w,　— y

| show | ショー | copy | コピー |
|---|---|---|---|
| screw | スクリュー | melody | メロディー |
| news | ニュース | salary | サラリー |
| ruby | ルビー | May Day | メーデー |

---

ショー　　　　スクリュー　　　　ニュース　　　　ルビー
コピー　　　　メロディー　　　　サラリー　　　　メーデー

( 연 습 )

straw

trawl

owner

whisky

party

elegy

authority

---

スト<sup>ロ</sup>ー　　　トロール　　　オーナー　　　ウイスキー
パーティー　　　エレジー　　　オーゾリティー

3—(5)— a — e,　— o — e,　— u — e

| ace | エース | case | ケース |
|-----|-------|------|--------|
| lace | レース | base | ベース |
| game | ゲーム | image | イメージ |
| name | ネーム | stage | ステージ |

| sale | セール | rope | ロープ |
| date | デート | isotope | アイソトープ |
| skate | スケート | stroke | ストローク |
| trade | トレード | dome | ドーム |
| parade | パレード | zone | ゾーン |
| arcade | アーケード | tone | トーン |
| note | ノート | nude | ヌード |
| hole | ホール | tube | チューブ |

---

| エース | レース | ゲーム | ネーム |
| ケース | ベース | イメージ | ステージ |
| セール | デート | スケート | トレード |
| パレード | アーケード | ノート | ホール |
| ロープ | アイソトープ | ストローク | ドーム |
| ゾーン | トーン | ヌード | チューブ |

| base |  |  |  |
| space |  |  |  |
| rate |  |  |  |
| wave |  |  |  |
| brake |  |  |  |

engage

pace

stove

home

hope

stole

dome

totem

pole

ベース　　　　スペース　　　　レート　　　　ウエーブ　　　　ブレーキ
エンゲージ　　ペース　　　　　ストーブ　　　ホーム　　　　　ホープ
ストール　　　ドーム　　　　　トーテム　　　ポール

3— (6) — ation,　— otion

| inflation | インフレーション | lotion | ローション |
|---|---|---|---|
| inspiration | インスピレーション | motion | モーション |
| intonation | イントネーション | | |
| automation | オートメーション | | |

イ ン フ レ ー シ ョ ン　　　インスピレーション　　　イントネーション
オ ー ト メ ー シ ョ ン　　　ローション　　　　　　　モーション

3— (7) — ire,　— ture

hire　　　ハイヤー　　　　　　　　culture　　　カルチャー
fire　　　ファイヤー　　　　　　　adventure　　アドベンチャー

ハイヤー　　　　　ファイヤー　　　　カルチャー　　　　アドベンチャー



dictation

deflation

decoration

narration

motion

umpire

picture

---

ディクテーション　　　デフレーション　　　デコレーション
ナレーション　　　　　モーション　　　　　アンパイヤー
ピクチャー

4. 자음이 중복된 말 중 어떤 것은 작은 「ッ」를 첨가해서 나타낸다.


4— (1) — ck

| | | | |
|---|---|---|---|
| back | バック | block | ブロック |
| slacks | スラックス | trick | トリック |
| black | ブラック | check | チェック |
| dock | ドック | neck | ネック |
| socks | ソックス | | |


단, 아래의 말은 ck를 촉음화하지 않는다.  뒷부분이 촉음화 한다.

| | | | |
|---|---|---|---|
| rocket | ロケット | | |
| pocket | ポケット | racket | ラケット |


다음의 말은 촉음화 하지 않는다.

| | | | |
|---|---|---|---|
| bucket | バケツ | necktie | ネクタイ |

---

| | | |
|---|---|---|
| バ<sup>ッ</sup>ク | スラ<sup>ッ</sup>クス | ブラ<sup>ッ</sup>ク |
| ド<sup>ッ</sup>ク | ソ<sup>ッ</sup>クス | ブロ<sup>ッ</sup>ク |
| トリ<sup>ッ</sup>ク | チェ<sup>ッ</sup>ク | ネ<sup>ッ</sup>ク |

truck

snack

lucky

nickel

check

locker

tuck

socker

racket

ticket

---

トラック　　　スナック　　　ラッキー　　　ニッケル　　　チェック
ロッカー　　　タック　　　　サッカー　　　ラケット　　　チケット

## 4—(2) — x,　— tch,　— dge

| | | | |
|---|---|---|---|
| tax | タックス | match | マッチ |
| wax | ワックス | sketch | スケッチ |
| six | シックス | watch | ウォッチ |
| complex | コンプレックス | badge | バッジ |
| dodgeball | ドッジボール | edge | エッジ |

タックス　　　　ワックス　　　　シックス　　　　コンプレックス
マッチ　　　　　スケッチ　　　　ウオッチ　　　　バッジ
エッジ　　　　　ドッジボール

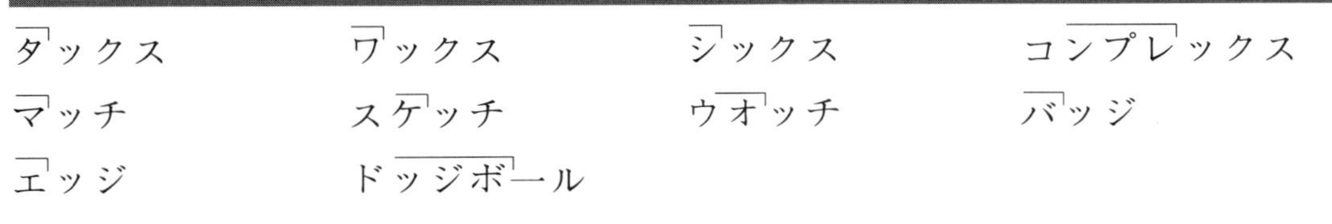

（연 습）

box

sex

fox

deluxe

mix

scotch

hatch

catch

clutch

switch

bridge

badge

ボックス　　　　　セックス　　　　　フォックス　　　　デラックス
ミックス　　　　　スコッチ　　　　　ハッチ　　　　　　キャッチ
クラッチ　　　　　スイッチ　　　　　ブリッジ　　　　　バッジ


4—(3)— ss,　— pp,　— tt,　— ff

massage　マッサージ　　　　　　slipper　　スリッパ
message　メッセージ　　　　　　motto　　　モットー
apple　　　アップル　　　　　　marionette マリオネット
pineapple　パイナップル　　　　staff　　　スタッフ

-ss-, -tt-, -pp-, -ff-에도 촉음화 하지 않는 말이 있다.


말 끝의 -ss는 촉음화 하지 않는다.

dress　　ドレス　　　　　chess　　チェス　　　　　pass　　パス
kiss　　　キス　　　　　　Miss　　ミス


다음의 말도 촉음화 하지 않는다.

butter　　バター　　　　appeal　　アピール（アッピール라고도 쓴다.）
approach　アプローチ　　　coffee　　コーヒー　　　　assistant　アシスタ
attraction　アトラクション


マッサージ　　　　　メッセージ　　　　　アップル　　　　　パイナップル
スリッパ　　　　　　モットー　　　　　　マリオネット　　　スタッフ


<87>

 （연 습）

mission

essay

dressy

essence

zipper

wappen(Ger.)

mitt

etiquette

address

chess

class

---

ミッション　　エッセー　　　ドレッシー　　エッセンス
ジッパー　　　ワッペン　　　ミット　　　　エチケット
アドレス　　　チェス　　　　クラス

4— (4) — at, — ap, — et, — ep, — ip, — op, — og, — ic, — ot, 등…

| | | | |
|---|---|---|---|
| mat | マット | ship | シップ |
| cat | キャット | skip | スキップ |
| net | ネット | drop | ドロップ |
| pet | ペット | bag | バッグ |
| omit | オミット | smog | スモッグ |
| cut | カット | magic | マジック |
| pilot | パイロット | technic | テクニック |
| cap | キャップ | olympic | オリンピック |
| | | dynamic | ダイナミック |

---

| | | | | |
|---|---|---|---|---|
| マット | キャット | ネット | ペット | オミット |
| カット | パイロット | キャップ | シップ | スキップ |
| ドロップ | バッグ | スモッグ | マジック | テクニック |
| オリンピック | ダイナミック | | | |

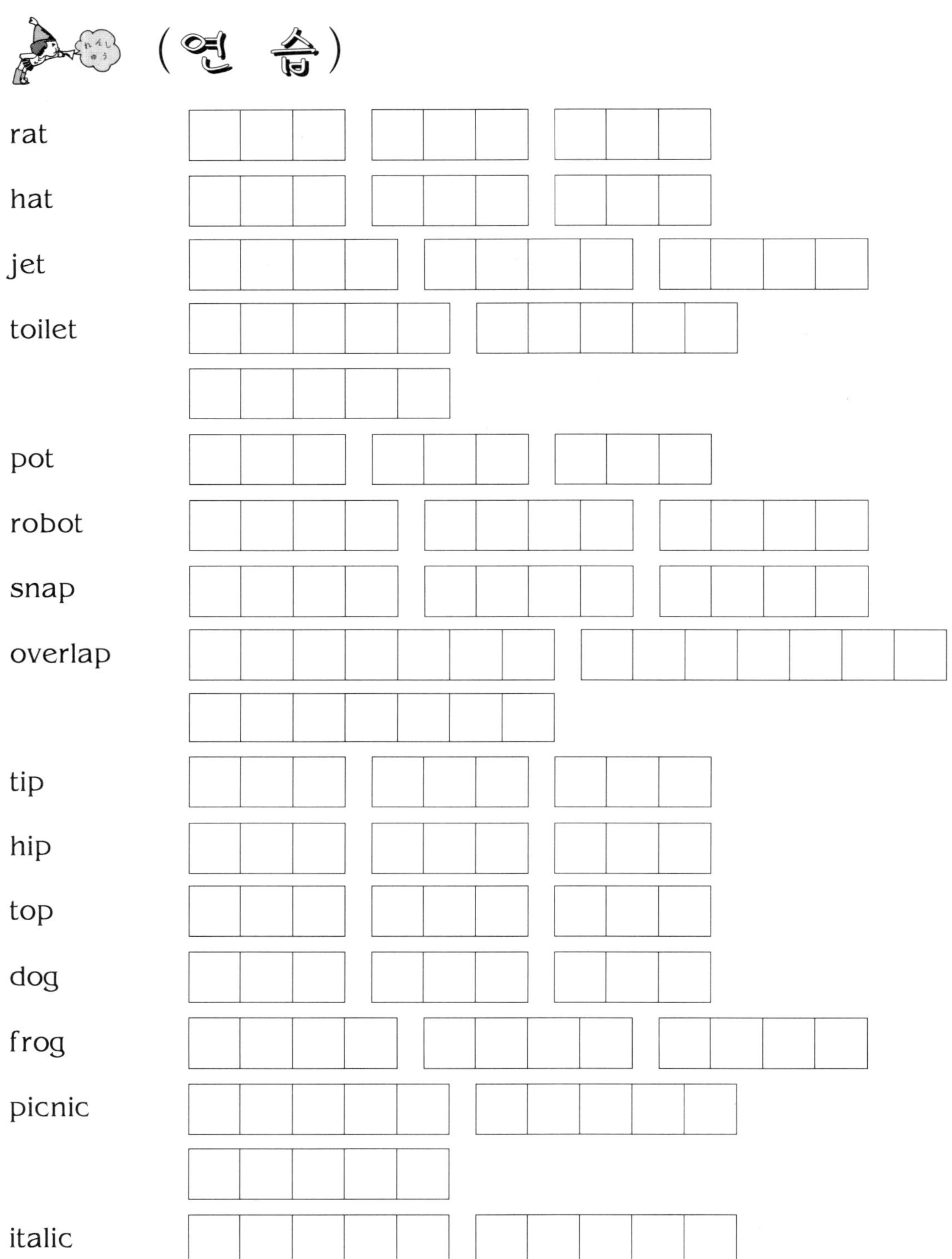

(연 습)

rat

hat

jet

toilet

pot

robot

snap

overlap

tip

hip

top

dog

frog

picnic

italic

pacific

<table>
<tr><td></td><td></td><td></td><td></td><td></td></tr>
</table>

---

ラット　　　　　ハット　　　　　ジェット　　　　ドイレット
ポット　　　　　ロボット　　　　スナップ　　　　オーバーラップ
チップ　　　　　ビッグ　　　　　ドッグ　　　　　ドッグ
フロッグ　　　　ピクニック　　　イタリック　　　パシフィック

4— (5) 모음이 중복된 경우 (장음이 되지 않그 촉음으로 되는 경우)

—oo—,　—ea—,　—ou—,　—ui—

book　　　ブック　　　　　　　head　　　ヘッド
look　　　ルック　　　　　　　touch　　タッチ
football　フットボール　　　　couple　　カップル
cookie　　クッキー　　　　　　circuit　サーキット
deadball　デッドボール　　　　biscuit　ビスケット
bread　　　ブレッド

---

ブック　　　　　ルック　　　　　フットボール　　クッキー
デッドボール　　ブレッド　　　　ヘッド　　　　　タッチ
カップル　　　　サーキット　　　ビスケット

(연 습)

hook

foot

dead heat

bread

couple

biscuit

---

フック　　　　　フット　　　　　　デッドヒート　　　ブレッド
カップル　　　　ビスケット

부록 2

## かたかなの 자원(字源)

| | | | | |
|---|---|---|---|---|
| ア阿 | イ伊 | ウ宇 | エ江 | オ於 |
| カ加 | キ幾 | ク久 | ケ介 | コ己 |
| サ散 | シ之 | ス須 | セ世 | ソ曽 |
| タ多 | チ千 | ツ川 | テ天 | ト止 |
| ナ奈 | ニ二 | ヌ奴 | ネ祢 | ノ乃 |
| ハ八 | ヒ比 | フ不 | ヘ部 | ホ保 |
| マ末 | ミ三 | ム牟 | メ女 | モ毛 |
| ヤ也 | | ユ由 | | ヨ与 |
| ラ良 | リ利 | ル流 | レ礼 | ロ呂 |
| ワ和 | ン尓 | | | |

# 일본어 가나(かな) 입문

2006년 3월 10일 인쇄
2006년 3월 20일 발행

편저자　편집부
펴낸이　정정례
펴낸곳　삼영서관
주소　서울 동대문구 답십리3동 645-8
전화　02) 2242-3668
팩스　02) 2242-3669
홈페이지　www.sysk.co.kr
이메일　sysk@paran.com
등록일　1978년 9월 18일
등록번호　제 1-261호

ISBN　89-7318-041-X　13730
※ 파본은 교환하여 드립니다.

**정가 3,500원**